LE PROBLÈME ALGÉRIEN

PAR

J.-B. PASTOUREAU-LABESSE, o. ✳ - o. ✳ - ✠

Ingénieur de la Marine en retraite,

Ancien chef du Bureau au Ministère de la Marine,

Correspondant au Ministère de l'Instruction Publique.

SE TROUVE

Chez l'auteur, 17, rue de la Course, à Bordeaux.

Prix : 1 franc.

Envoi franco contre timbres-poste.

LE PROBLÈME
ALGÉRIEN

PAR

J.-B. PASTOUREAU-LABESSE, o. ✳ - o. ✳ - ✠

Ingénieur de la Marine en retraite,

Ancien chef du Bureau au Ministère de la Marine,

Correspondant du Ministère de l'Instruction Publique.

SE TROUVE

Chez l'auteur, 17, rue de la Course, à Bordeaux.

Prix : 1 franc.

Envoi franco contre timbres-poste.

LE PROBLÈME

ALGÉRIEN

Ne t'attache pas au sol que tu foules à tes
pieds. Ose braver le hasard. Éveille-toi, marche,
avance toujours. Il est partout le foyer domestique
de l'homme dont le bras est robuste, dont la tête
est forte et sage.

(Chant de l'Émigrant.)   GŒTHE.

1. — De toutes nos possessions extérieures,
l'Algérie est la plus rapprochée de France. La
distance qui la sépare de Marseille n'est que de
760 kilomètres ; de Port-Vendres, elle n'est que
de 568 kilomètres. Les paquebots de Marseille à
Alger font leur traversée en 27 heures, et ce
chiffre est appelé à baisser beaucoup avec les
progrès de la navigation à vapeur. Si l'on réflé-
chit qu'il suffit aujourd'hui de 48 heures pour se
rendre de Paris à Alger, et qu'avant le chemin
de fer il fallait trois à quatre jours pour se
rendre de Paris à Marseille, on reconnaîtra
qu'avec son heureuse situation, l'Algérie équi-
vaut au prolongement immédiat de notre territoire européen.

2. — La superficie de l'Algérie est générale-
ment comptée à 420,000 kilomètres carrés. Cela
représente les quatre cinquièmes environ de la
superficie de la France.

Ce vaste territoire se divise en trois *zônes* bien distinctes. La première zône, qui occupe 130,000 kilomètres carrés, porte le nom de *Tell*. Elle borde la Méditerranée sur une longueur de côtes de 1,100 kilomètres et sur une profondeur territoriale de 110 kilomètres à l'Ouest et de 250 kilomètres à l'Est. La seconde zône, qui occupe 90,000 kilomètres carrés, constitue ce qu'on appelle les *Hauts Plateaux*, situés au sud du Tell. Enfin, la troisième zône, qui occupe 200,000 kilomètres carrés, consiste dans le versant du *Sahara*, immédiatement au sud des Hauts Plateaux.

3. — La région du Tell est d'une fertilité très grande, qui ne le cède en rien à celle de la France. C'est là qu'on cultive les céréales, la vigne. Là, se trouvent l'olivier, le chêne-liège. Cette région, travaillée par des paysans français, pourrait facilement, comme la France, nourrir 71 habitants par kilomètre carré. Pour 130,000 kilomètres cela donnerait 9,230,000 habitants.

La région des Hauts Plateaux est beaucoup moins fertile que le Tell. Elle est principalement composée de pâturages pour l'élevage des bœufs et des moutons. C'est là qu'on exploite l'alfa. Nous estimons qu'en raison de sa faible fertilité, il ne convient pas de compter, pour cette région, surplus de 35 habitants par kilomètre carré. Pour 90,000 kilomètres, cela donnerait 3,150,000 habitants.

La Région du Sahara est encore moins fertile que celle des Hauts Plateaux. Cependant, là où le sol peut être arrosé par les eaux jaillissantes des puits artésiens, on rencontre des *oasis* d'une grande fertilité. C'est là que croît le palmier-dattier, dont les fruits sont très appréciés. Nous estimons qu'entre les mains des cultivateurs français, le Sahara pourrait nourrir 17 habitants par kilomètre carré, ce qui, pour 200 mille kilomètres, donnerait 3,400,000 habitants.

Il résulte de ces chiffres que les trois régions qui composent l'Algérie, cultivées par des paysans français, pourraient nourrir une population totale approximative de 15,780,000 soit, en chiffres ronds, *seize millions* d'habitants.

Ce chiffre, il ne faut pas l'oublier, s'applique à l'Algérie avec ses limites actuelles. Si, par la suite, la Tunisie cessait d'être un protectorat pour devenir une possession, la population possible de notre colonie nord africaine, augmenterait de plus du tiers. Une augmentation nouvelle se produirait par notre extension dans le Sahara.

4. — L'effectif possible de seize millions d'habitants, est malheureusement bien loin d'être atteint. D'après le dernier recensement opéré en 1886, la population totale de l'Algérie n'est que de 3,805,684 habitants dont 259,729 Français, 203,153 Étrangers (Espagnols, Italiens, etc.) et 3,342,800 indigènes Musulmans.

Aussi, la population française de l'Algérie ne présente que *sept pour cent* environ de la population totale de ce pays.

Cette faible proportion de Français n'explique que trop les difficultés que nous rencontrons dans l'administration de ce pays. Dans la colonie anglaise du Cap de Bonne-Espérance, laquelle est située sous la même latitude Sud, que l'Algérie occupe dans le nord, sur un chiffre total de 1,534,000 habitants, il y a 377,000 Anglais, soit environ 24 % du total au lieu de 7 % en

Algérie. Et cependant la colonie Française est située dans une position bien autrement favorable pour l'émigration que celle anglaise, tout en ayant le même climat. La première fait face à l'Europe, la seconde n'a devant elle que le Pôle Sud.

5. — On voit, par ce qui précède, que l'Algérie se prête parfaitement à l'immigration des cultivateurs Français. Ces cultivateurs, découragés par une longue série de mauvaises récoltes, se portent aujourd'hui en grande proportion dans nos villes, où ils ne trouvent pas toujours le travail et où il leur faut changer de profession. En les dirigeant vers l'Algérie, on trouverait l'avantage de développer ce pays et de créer une nouvelle France à 27 heures de distance de la première ; enfin, de nous dispenser d'entretenir en Afrique un corps d'armée de 50,000 hommes. On ferait ainsi disparaître une source de dépenses et surtout d'affaiblissement militaire, qui pourrait, dans certaines éventualités, avoir pour nous les plus graves conséquences.

Si l'Algérie était francisée, c'est-à-dire si sa population se composait en majorité de Français, nous ne serions plus campés dans ce pays : nous y serions établis. Non seulement il ne nécessiterait pas de corps d'occupation ; mais, le cas échéant, il serait en mesure de nous fournir un contingent de troupes françaises. Ce contingent pourrait, après un temps convenable, atteindre le tiers environ de notre contingent européen.

La question de l'immigration française en Algérie, des moyens de la provoquer et de la développer, est donc une question capitale, la plus importante et la plus urgente de toutes celles que soulève le difficile problème de notre organisation coloniale. *C'est par l'Algérie qu'il faut commencer.*

Le but de la présente note est d'indiquer par quels moyens un résultat si désirable pourrait être obtenu sans aucun appel au budget.

6. — L'émigration des Français vers les pays hors d'Europe est actuellement très peu importante, comparativement à celle des autres peuples, nos voisins. Elle ne paraît pas dépasser le chiffre total de 25,000 émigrants, alors que l'Allemagne fournit environ 175,000 émigrants, l'Italie 130,000, les Iles Britanniques 100,000, etc. Il est à remarquer que ces divers peuples augmentent chaque année en population, autant et plus que nous. Il semble résulter de là que l'émigration, lorsqu'elle se produit naturellement dans un pays, n'a point pour conséquence d'en diminuer la population. Peut-être même produit-elle un effet contraire, en raréfiant la main d'œuvre, et, par suite, en élevant les salaires, ce qui est favorable à l'accroissement de la nativité, conséquence d'une plus grande aisance.

La raréfaction de la main d'œuvre, conséquence de l'émigration, a d'ailleurs pour effet de faire affluer les ouvriers des pays voisins en quête de travail. Ces ouvriers s'établissent souvent dans leur nouvelle résidence, y contractent des alliances, et, après un certain temps, eux ou leurs enfants se font naturaliser. L'équilibre, détruit par l'émigration, se rétablit ainsi peu à peu.

7. — Il est à remarquer que les 25,000 Français qui quittent chaque année notre pays pour s'établir à l'étranger, se rendent presque tous

dans les Etats de La Plata (République Argentine et Uraguay). Il en va très peu aux Etats-Unis, au Canada, en Australie, et autres contrées plus particulièrement recherchées par les émigrants Allemands et Anglais

On peut encore observer que ces émigrants Français, qui se rendent dans La Plata, proviennent, pour la plupart, du sud-ouest de la France, et notamment du *Béarn, qui comprend les Hautes et Basses-Pyrénées*. Dans l'origne, quelques familles de la contrée se sont rendues dans les Etats de La Plata ; elles y ont prospéré, et à partir de ce moment, elles ont appelé près d'elles leurs parents, leurs voisins, leurs amis, leurs connaissances. Le courant, une fois établi, a été en croissant d'une manière continue. En 1868, l'émigration française dans La Plata fournissait 1,000 colons par an. En 1889, elle a fourni près de 25,000.

Ainsi il s'est formé dans la Plata un *centre d'attraction* qui s'adresse principalement aux habitants du sud-ouest de la France, qui trouvent là des parents, des amis déjà établis sur les lieux. Les uns et les autres ont les mêmes mœurs, les mêmes goûts, les mêmes usages. Ils parlent la même langue, c'est-à-dire l'idiome de leur localité d'origine.

Des *centres d'attraction* analogues se rencontrent aux Etats-Unis, pour les Allemands et les Irlandais; en Australie, pour les Anglais; dans la Plata, pour les Italiens. On cite même une colonie Suisse à la Espéranza, dans la République Argentine. La Suisse, dont la population n'est que de 2,846,000 habitants, possède trois centres d'attraction, savoir : celui précité de Espéranza, celui de Helvétia, dans l'Uruguay, et celui du Sétif en Algérie. Tous ces établissements sont très prospères. (1)

8. — Ainsi donc l'émigration, là où elle se produit, recherche principalement des *centres d'attraction*, occupés déjà par des compatriotes, qui peuvent aider les nouveaux venus de leurs conseils, de leurs relations, de leur patronage, et quelquefois même de leurs capitaux, conséquence de leur prospérité.

Pour peupler l'Algérie de Français, il faut donc trouver une combinaison qui détermine la formation de *centres d'attraction*, analogues à ceux qu'on rencontre aujourd'hui aux Etats-Unis, dans La Plata, en Australie et ailleurs. L'Algérie est tout aussi fertile et tout aussi salubre que ces divers pays, et, par son rapprochement de l'Europe, elle leur est incomparablement supérieure. On a vu d'ailleurs que la terre n'y manque pas. En outre de la Tunisie et de l'extension du Sahara, elle pourrait, dores et déjà, recevoir douze millions de colons en sus de sa population actuelle.

Voici comment on pourrait, suivant nous, créer de pareils centres d'attraction.

9. — D'après un rapport du Gouverneur de l'Algérie en date du 24 novembre 1890, le domaine de l'Etat dans cette colonie, après déduction des parties affectées aux services publics, occupe une superficie totale de 2,116,683 hectares terres, bois et forêts. Cette vaste surface

(1) On raconte que, dans une visite faite à la Espéranza par le Président Sarmiento, le chef de la municipalité suisse, en réponse aux compliments du chef de l'Etat, s'exprima ainsi : *Oui, Senor, ici nous sommes tous riches.*

était évaluée en totalité à 119,134,568 francs, ce qui donne un prix moyen d'évaluation de 56 francs l'hectare.

Pendant l'exercice 1888-1889, il en a été vendu 3,782 hectares, qui ont rapportés 249,904 francs, soit un prix moyen de 66 francs l'hectare.

On voit par ces chiffres, qui sont officiels, que les produits du domaine de l'État, en Algérie, sont extrêmement faibles. Il est probable qu'ils sont entièrement absorbés par les frais d'administration et de surveillance.

Cela posé, nous proposerions de distribuer ces 2,116,683 hectares de domaine improductif entre les 86 départements de la France européenne, au prorata de leurs populations respectives. Cela donnerait, pour chaque département, une concession moyenne de 24,612 hectares, ce qui correspond à l'étendue moyenne de 17 communes françaises.

10. — La distribution serait faite de telle sorte que chaque département reçût, autant que possible, une concession d'un seul tenant, ou composée de lots très rapprochés. On ferait aussi en sorte, autant que possible, de placer les départements les uns près des autres, dans le même ordre où ils se trouvent en France. Ainsi les Bretons seraient établis près des Bretons, les Provençaux près des Provençaux, les Gascons près des Gascons et ainsi du reste. De cette façon on juxtaposerait les unes près des autres des populations se connaissant déjà partiellement et parlant le même idiome. L'Algérie deviendrait

(1) Nous admettons ici que les départements seraient tenus de conserver, sans les laisser défricher, les quantités de bois reconnus nécessaires pour maintenir la fertilité du pays environnant.

ainsi, après un certain temps, *l'image vivante de la mère-patrie,* formée des mêmes éléments, ce qui ne pourrait manquer de fortifier et de rendre indissoluble le lien qui doit exister entré la France africaine et la France européenne.

Cette dernière considération nous paraît être d'une extrême importance dans la question d'organisation coloniale. On sait que Turgot, prévoyant une séparation entre l'Angleterre et sa colonie de l'Amérique du Nord, écrivait, dès 1760 : *Les colonies sont comme les fruits de la terre qui restent attachés à l'arbre, seulement pendant qu'ils mûrissent. Aussitôt que l'Amérique pourra prendre soin d'elle-même, elle fera ce que fit Carthage.*

Nous pensons que la combinaison exposée ci-dessus pourrait nous mettre à l'abri de la redoutable éventualité prévue par Turgot, et qui s'est vérifiée non seulement pour l'Angleterre dans l'Amérique du Nord, mais aussi pour l'Espagne dans l'Amérique Centrale et l'Amérique du Sud.

11. — La donation faite par l'État à chaque département serait définitive, irrévocable et ne donnant lieu à aucune redevance à son profit. La seule condition serait que le département ne pourrait disposer de son domaine algérien que pour y introduire et y distribuer à son gré des Français originaires de sa circonscription.

La transmission effectuée, chaque département enverrait sur les lieux un régisseur qui prendrait possession du domaine. Ce régisseur serait assisté d'un géomètre qui dresserait le plan des lieux et en opèrerait le lotissement. Ce plan serait imprimé avec un mémoire à l'appui. Un exemplaire de ces documents serait déposé à la mairie de chacune de ces communes du département, et mis par elles à la disposition du public. La plus grande publicité possible serait donnée au projet dans les journaux des localités.

Cela fait, les autorités départementales provoqueraient des offres pour la vente de leurs concessions. On connaît la passion du paysan français pour la terre. On connaît son économie. Aucun travail, aucune privation ne lui coûtent pour devenir propriétaire de son champ. Si des ventes au détail lui sont faites en France à 1,000 fr. l'hectare et au-delà, alors qu'en Algérie il pourrait avoir de bonne terre à 66 fr. l'hectare, il est permis de penser que les lots trouveraient quelques preneurs parmi les cultivateurs de chaque département. Si faible qu'en fût le nombre dans les premiers temps, le *centre d'attraction* serait créé. L'émigration croîtrait ensuite rapidement, comme cela se produit aujourd'hui parmi les Béarnais se rendant dans La Plata, voyage dix fois plus coûteux et vingt fois plus long que celui de l'Algérie.

12. — Nous admettons que les ventes se feraient en accordant aux acheteurs de grandes facilités de paiements. Par exemple, on pourrait répartir ces paiements sur une période de dix années. On pourrait même, moyennant des garanties convenables, ne faire commencer les annuités qu'après la quatrième année, ce délai paraissant nécessaire pour que la terre vendue acquière toute sa productivité. Dans tous les cas, on devrait s'assurer que l'acheteur possède les qualités voulues comme colon, et les ressources suffisantes pour payer son voyage et ses frais de premier établissement.

Les annuités, au fur et à mesure de leurs encaissements, serviraient aux départements à se rembourser de leurs frais de gérance et de lotissement. Ces frais seraient très faibles, et au bout de peu de temps ils seraient remboursés. Les excédents, lorsqu'ils seraient obtenus, seraient employés par les départements à acheter de nouveaux lots, de manière à augmenter et arrondir leurs domaines respectifs. L'opération pourrait ainsi se continuer pendant tout le temps nécessaire pour peupler l'Algérie, en majorité de cultivateurs français.

13. — Dans tout ce qui précède, nous avons supposé que les départements procéderaient eux-mêmes à la création des *centres d'attraction*, à la recherche et à l'établissement de leurs colons respectifs. Pour simplifier la tâche des départements, on pourrait les autoriser à transférer leurs domaines respectifs à des compagnies de colonisation, analogues à celles qui existent dans quelques pays étrangers (1). Ces compagnies prendraient le lieu et place des départements, effectueraient les ventes, rechercheraient et établiraient les émigrants de chaque localité.

(1) Les Compagnies de colonisation qui existent dans les pays étrangers ont des attributions beaucoup plus étendues que celles que nous proposons ici. Ces attributions, qui sont presque *souveraines*, sont peu compatibles avec les principes centralisateurs qui régissent l'organisation coloniale française. Dans diverses circonstances, leur existence a donné lieu à des difficultés politiques et autres. L'Angleterre en a fait l'expérience récente dans les trois compagnies de colonisation qu'elle possède en Afrique et qui sont : la *Royal Niger Company*, la *East African Company* et la *South African Company*. Ces trois sociétés passent d'ailleurs pour donner de médiocres résultats à leurs actionnaires. Il faut donc être très prudent dans l'établissement des compagnies françaises de colonisation.

Elles seraient rémunérées au moyen de retenues équitables sur les prix de vente. Des traités à cet effet seraient passés entre les Sociétés et les départements respectifs. Ainsi limitées dans leurs attributions ; les compagnies de colonisation pourraient parfaitement fonctionner en Algérie, sans porter atteinte au régime administratif établi dans ce pays.

14. — La création de centres d'attraction départementaux, pour attirer l'émigration française, présenterait de grands avantages pour notre colonie africaine. En augmentant la population, elle augmenterait le produit des impôts, ce qui permettrait de développer les entreprises d'utilité publique, routes, chemins de fer, travaux d'irrigations et autres améliorations.

Ces travaux sont à peu près impossibles aujourd'hui, si on continue à les demander au budget de la Mère-Patrie, lequel est lui-même beaucoup trop chargé. L'organisation nouvelle donnerait donc satisfaction à un besoin hautement proclamé par les hommes qui connaissent le mieux l'Algérie.

15. — Nous terminerons par une dernière considération.

En comptant ses possessions proprement dites, ses protectorats et les contrées soumises à sa sphère d'influence, la France étend aujourd'hui son action en Afrique, Madagascar compris, sur un territoire total de .... 5,980,000 kil. car.

L'Angleterre, de son côté, Égypte non comprise, étend son action sur .... 4,963,000 »

L'Allemagne sur .... 2,691,000 »

Le Portugal sur .... 2,012,000 »

L'Italie sur .... 936,000 »

La France, outre qu'elle est la plus rapprochée de ses possessions, a donc aujourd'hui la *prépondérance territoriale* en Afrique. Mais cette prépondérance est précaire, car elle est soumise aux éventualités d'une grande guerre européenne. Si l'Algérie était *francisée*, c'est-à-dire peuplée en majorité de Français, elle deviendrait inexpugnable et donnerait à nos possessions africaines une base solide, durable et à l'abri de toutes les éventualités.

Il faut donc se hâter de diriger l'émigration française vers l'Algérie. Le moment est très favorable pour tenter cette entreprise. Nos campagnes se dépeuplent au profit de nos villes. D'autre part, les récentes révolutions survenues dans l'Amérique du Sud, ont ralenti le courant qui se dirigeait vers ce pays et allait chaque jour croissant. Il serait opportun de présenter à nos émigrants un nouveau débouché, sous peine de les voir se porter vers d'autres contrées lointaines, où ils seront, comme dans La Plata, entièrement perdus pour nous.

Bordeaux, mai 1891.

Bordeaux. — Imp. Coussau & Coustalat 20, rue Gouvion.

9 782011 766540